Lk⁷447

LES

RUINES

DE

L'ABBAYE DE MONT-MAJOUR

D'ARLES

PAR

L'ABBÉ J.-M. TRICHAUD.

Et flaverunt venti, et irruerunt in domum illam ; et cecidit , et fuit ruina illius magna.

Et les vents ont soufflé, et ils se sont précipités sur cette maison ; et elle est tombée, et sa ruine a été grande.

(MATTH. C. VIII. V. 21)

ARLES ,

IMPRIMERIE J. CERF , RUE DU SAUVAGE , 7.

1854.

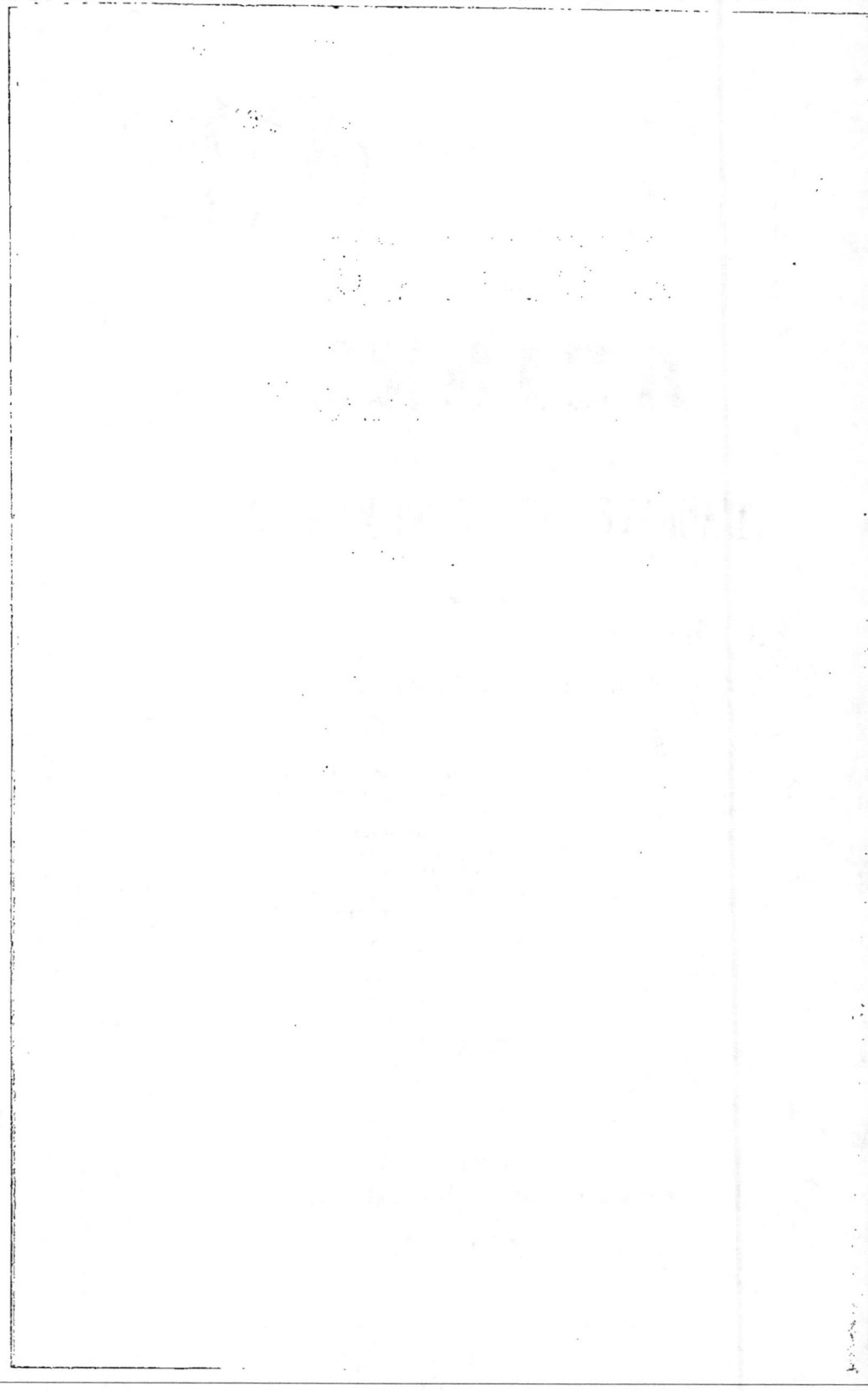

LES RUINES

DE

l'Abbaye de Mont-Majour d'Arles.

—————

I.

FONDATION DU MONASTÈRE. — RÉSUMÉ
DE SON HISTOIRE.

—

Parmi les innombrables et merveilleuses rui-
nes qui révèlent l'antique splendeur de la ville
d'Arles, il n'en est pas de plus imposantes que
celles de l'abbaye de Mont-Majour (1). Les glorieux souvenirs qui s'y rattachent, les rendent
encore plus dignes de respect et d'admiration.

(1) Cette montagne fut ainsi appelée, à cause de son élé-
vation. Elle était beaucoup plus étendue que sa voisine, à
laquelle le campement des Sarrasins venus de Cordoue, en
731, a donné le nom de montagne de Cordes.

Ici, se dressent des monuments marqués au sceau de tous les âges. Chaque génération s'est plue à laisser un gage éclatant de son amour, sur cette colline déjà comblée par la nature de dons surprenants.

En de petits vallons solitaires, ou le long des coteaux escarpés, l'olivier, le lilas, le frêne et le jasmin, mêlent leur verdoyant feuillage. L'air y est à la fois embaumé, par les suaves émanations des plantes aromatiques, et par le doux parfum des chrysanthèmes odoriférants (1).

(1) Voici les plantes les plus remarquables qui croissent à Mont-Majour :

L'Anagyris fetida, l'Orchis robertiana, l'Ophris lutea, les Allium rotundum et roseum, le Narcissus dubius, les Iris lutescens et pumila, le Ranunculus monspeliacus, les Erodium malachoides et ciconium, les Helian themum fumana, glutinosum et majoranæ folium, le Cistus albidus, les Fumaria capreolata capitata et parviflora, le Papaver somniferum, les Rhamnus alaternus et catharticus, la Vicia narbonensis, les Lathyrus angulatus et sphœricus, la Psoralea bituminosa, l'Anthyllie tetraphylla, l'Ononis minutissima, le Cercis siliquastrum, la Potentilla hirta, la Rosa sempervirens, le Sedum rupestre, l'Umbilicus pendulinus, le Buplevrum ondotites, le Smyrnium olusastrum, les Seseli elatum et tortuosum, la Lonicera etrusca, la Rubia lucida, le Centranthus calcitrapa, la Scabiosa leucantha, une marchantia, espèce nouvelle, la Lactuca perennis, les Coniza sordida et squarrosa, les Centaurea salmantica, melitensis et paniculata, les Urospermum

Au VIme siècle, époque de la fondation du monastère, le site enchanteur de Mont-Majour apparaissait plus pittoresque.

Des marais immenses l'entouraient de toutes parts, et en formaient ainsi une île flottante. Le thym, l'aspic et le romarin y nourissaient des troupes vagabondes de sangliers et d'animaux recherchés.

Pendant son séjour à Arles, le roi Childebert qui aimait à se livrer au plaisir de la chasse, s'y fit conduire par les Arlésiens ses nouveaux sujets (1). Tandis qu'il parcourt avec ardeur toutes

picroides et dalechampii, les Hyoseris scabra, cretica et rhagadioloides, le Sonchus pectinatus, le Rhagadiolus stellatus, l'Asperugo procumbens, le Verbascum phlomoides. La Linaria origanifolia, le Coris monspeliensis, le Thesium linophyllum, l'Arum italicum, le Smilax aspera, la Scilla autumnalis, etc., etc.. Le botaniste qui est de résidence à Arles peut aisément recueillir à Mont-Majour plus de 200 phanérogames parmi lesquelles il y a prédominence bien marquée de composées et de labiées. (Jacquemin, *Guide du voyageur dans Arles*, p. 90 et 91.)

(1) Childebert possédait la ville d'Arles, en vertu de l'acte de cession conclu en sa faveur par Théodat, roi des Goths. — Histoire de France. — Pontif. arelat. — Voyez mon histoire de Saint-Césaire, p. 284. Duchesne.

les issues de la montagne, le monarque est
inopinément surpris par un spectacle étran-
ge. Au fond d'une grotte humide, en face
d'un autel mal taillé, sont pieusement recueillis
plusieurs religieux. Bientôt ils disparaissent
successivement sous une porte basse. Un seul
reste ; et, s'approchant du visiteur inconnu :
Seigneur, lui dit-il, après les fatigues de la
chasse, daigneriez-vous accepter l'hospitalité
que vous offrent, de bon cœur, les pauvres solitaires ?

Volontiers, répliqua le prince.

Venez, seigneur.

Ils entrent dans une seconde excavation, autour de laquelle des nattes de paille sont éten-
dues sur le sol ; c'est le lieu du repos. Plus loin,
sur une table de pierre, sont des fruits sauvages
fraîchement cueillis, une urne antique remplie
d'eau claire et limpide. Childebert goûte de tout
avec délice, et s'étonne de plus en plus, de l'af-
fabilité de l'anachorète. Enfin, lui dévoilant son
nom et sa souveraine position : Je chercherai,
lui dit-il, à me montrer reconnaissant de votre
généreuse courtoisie.

Le lendemain, le charitable monarque donna
au grand saint Césaire une somme d'argent

destinée à l'édification d'un monastère et d'une chapelle que le bienheureux archevêque consacra solennellement, et dédia à l'apôtre saint Pierre (1).

C'est probablement l'église creusée dans les flancs du rocher.

L'Abbaye de Mont-Majour devint bientôt le sanctuaire de la piété et de la science. Les saints abbés Paul et Florentin obtinrent par leurs vertus, les hommages révérentieux du peuple chrétien. L'érudition profonde du savant et pieux Pomère dota l'Eglise de la vie de ses plus éloquents docteurs. Plusieurs solitaires de ce désert expirèrent, comme les martyrs, massacrés par les barbares Sarrasins.

Lorsque le monastère eut été rétabli par le victorieux Charlemagne (2), de nouvelles illustrations rehaussèrent l'éclat de sa renommée passée. Les comtes de Provence Guillaume I, Guillaume II et Geoffroy, renonçant à la vanité

(1) Suppl. à l'histoire de Mont-Majour. Seguin, dissertation mns. sur la fondation de l'Abbaye. Saxi Pontif. arel. Epist. sancti Gregorii pp. Sancto Virgilio Arel. arch. — Guesnay. Cassian illustr.

(2) Voyez l'article VII.

des grandeurs mondaines, y terminent leurs
jours dans les macérations et la prière.

Toutes les branches des connaissances hu-
maines, trouvaient là des interprètes éclairés.
Les ravissants mais trop rares restes de leurs
labeurs persévérants, nous font amèrement re-
gretter la perte de ces chefs-d'œuvre de savoir
et de talent, si vantés par les historiogra-
phes (1).

Comme leurs collègues de Saint-Denis, de
Marmoutiers, de Saint-Germain-des-Prés, les
Bénédictins de Mont-Majour se livraient aussi
au grave et dur exercice de l'enseignement.

L'anti-pape Benoit XIII (Pierre de Lune) par
une bulle donnée à Marseille *Apud Sanctum Vic-
torem* 1404, en instituant l'administration de l'abbaye, dont il s'attribuait lui-même les rentes patri-
moniales, lui octroit 30 florins par an, pour
l'entretien des écoliers (2). Et dans le règlement

---

(1) Bonnemant parle d'un ton enthousiaste, des manus-
crits inimitables qui enrichissaient la belle bibliothèque de
Mont-Majour.

(2) L'original de cette bulle est parmi les documents his-
toriques recueillis, avec tant de patience par le zélé doyen
de N.-D. la Major M. le chanoine Gaudion.

émis en 1589 par le R. P. abbé Claude d'Ansel-
me il y est dit : « Art. XX. *Les enfants et jou-*
» *venceaux seront toujours tenus de porter leur*
» *couronne, et ne sortiront des cloîtres ou en-*
» *clos de l'abbaye ; tous en général porteront en*
» *Arles leurs robes, flocs et bonnets* (1). »

Tandis que Louis II appelait à sa cour, le
moine Hugues de Saint-Césaire pour composer
un recueil de poésies provençales, le pape Eugène II confiait à l'abbé Jean de Bauveau la ges-
tion de l'archevêché d'Arles. D'autres supérieurs
Bernard de Garno, Pierre II de Caniliac, Faidi-
tus de Agrifolio, Galeotus Tarlatus de Petra ma-
la, furent décorés de la pourpre romaine.

Les pontifes suprêmes Léon VIII, Nicolas II,
Grégoire VII, Pascal II, Innocent II, Célestin III,
Grégoire IX, Urbin V et Pie V, donnèrent à l'abbaye des preuves de leur bienveillance, en ou-
vrant en sa faveur les privilèges apostoliques.
Tour-à-tour, sous la protection des princes, des
comtes et des hauts barons, elle reçut des do-
tations opulentes. (962) Par la munificence d'une
noble arlésienne appelée Theucinde , (2) le nom-

----

(1) Suppl. à l'hist. de Mont-Majour.
(2) Le testament de cette libérale donatrice daté de l'année 962, se conserve aux archives de la cour des Comptes
d'Aix , gardées actuellement à la préfecture de Marseille.

bre des cellules augmenta considérablement.
Peu-à-peu elles envahirent le sommet de la montagne. Le vaste arceau, sous lequel s'abritait le
grand escalier, servait de communication entre
l'ancien couvent et le nouveau ; et celui-ci
n'était pas achevé, à l'époque de nos funestes discordes.

M. Robolly, chevalier de l'ordre d'Isabelle II d'Espagne,
savant archiviste d'Arles, auquel je suis heureux de témoigner ici ma vive reconnaissance, m'en a communiqué
une copie, presque aussi curieuse que la minute elle-même.

II.

ÉGLISE PRIMITIVE.

—

Cette église est située à la partie méridionale de la montagne, au pied de la grande tour. La statue de Saint-Pierre désignée par l'immuable *Tu es Petrus* écrit sur un rouleau déplié, vous en montrera la route. Alors vous descendrez quarante-cinq marches.

Sous le portique sont façonnées sur le sol rocailleux deux tombes d'inégale dimension. Quelles dépouilles mortelles recelaient-elles? nulle inscription nous le déclare.

L'église se montre à vos regards; c'est une caverne naturelle et peu profonde précédée d'une nef étroite formée de trois arceaux semblables. Une quatrième ouverture plus surbaissée précède un corridor resserré, ouvert aux extrémités; à droite, vous entrez dans une cavité retrécie où se trouve un siége antique. La chronique vulgaire l'appelle le confessionnal de saint Trophime. A gauche, vous apercevez une grotte allongée, ceinte d'une base, toute en relief, haute de quarante centimètres.

C'était là où s'asseyaient les fidèles pendant les pieuses assemblées ; alors que le paganisme, irrité de se voir vaincu, les forçait à cacher les cérémonies de leur culte.

La ressemblance de ces lieux avec les catacombes sacrées de Rome est frappante. Le siége de l'évêque y est absolument conformé de la même manière (1). On ne remarque pas, il est vrai, ces interminables et sombres substructions, ces rangs pressés de tombeaux superposés dans lesquels les chrétiens bannis ensevelissaient, avec une religieuse compassion, les cadavres sanglants de leurs frères martyrisés. C'est que nos contrées éloignées du centre de l'empire, étaient moins terrifiées par les odieux décrets des Césars inhumains. Néanmoins, quand la fureur de la persécution devenait plus menaçante, l'apôtre d'Arles suivi de ses disciples les plus chers et les plus exposés, s'y réfugiait avec précipitation.

(1) Voyez Roma sotterranea. Gli catacombi , R P. Marchi S. J. — Rome chrét. L'abbé Gerbet

Telle est la tradition constante, immémoriale et respectable, que la voix retentissante des siècles a fidèlement transmis au nôtre.

Aucun écrit authentique de ces temps reculés ne l'avoue ; mais l'état et la situation des monuments l'autorise et paraît en confirmer la véracité (1).

---

(1) Le curieux supplément à l'histoire de Mont-Majour par le laborieux chanoine Bonnemant, contient une description du monastère faite au 13me siècle, où cette croyance est formellement exprimée.

La version des écrivains du *Gallia christiana* quoique différente inspire pourtant une égale vénération ; *circa speluncam quamdam seu cellam in quâ ferunt sanctum Trophimum quiescere ac feriari a laboribus apostolicis fuisse solitum.*

Gall. christ. inst. Eccl. arel.

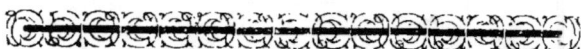

III.

BASILIQUE.

—

L'an de notre seigneur 1016 furent jetés les fondements de cette auguste Basilique. Ainsi l'atteste le *Thesaurus* de Mont-Majour. *Anno ab incarnatione Christi 1016 fuit inchoata Basilica B. Mariæ, Sancti-Petri, Sanctorumque apostolorum in honorem Dei. Indictione XIV, tertio calend. Junii, feria quarta, sub regno Roberti Francorum rege* (1).

Il est difficile d'expliquer pourquoi les religieux n'en prirent possession qu'en 1153. Si l'idée principale n'eut pas à subir des modifications essentielles, certainement l'exécution en dut être arrêtée pendant plusieurs années. Voici ce qu'ajoute l'historien du monastère : *anno 1153 ingressi sunt monachi in ecclesiam, ad Deo serviendum* (2).

(1) et (2) Mns. arel. — Cassian. illus, p. 120. — Apud Surium — tom. 1. mense Junio

Cinq cents ans plus tard, la voûte des trois premières travées se crevassait en tout sens. La prudence exigea de prévenir un facheux accident, en réduisant la longueur de l'édifice.

Le style bysantin a présidé à son ornementation ; mais le gothique fleuri s'est pompeusement déployé dans le prolongement de la nef transversale, et sur le tombeau de Bertrand de Malsang qui gouvernait le monastère en 1289. Lorsque un génie malfaisant chassa même les morts de leurs inviolables demeures, la crosse émaillée de filagrammes d'or et d'argent de cet abbé fut sacrilégement volée (1).

La façade actuelle était provisoire. Les Bénédictins avaient le projet, en reprenant les anciens plans, d'élever un magnifique portail modelé sur celui de la métropole d'Arles.

(1) Cette crosse est à Paris dans la salle des antiquités du moyen âge et de la renaissance du musée historique dit de Charles X, avec une cassolette à parfums enrichie de pierreries, provenant également de l'abbaye de Mont-Majour. Une description manuscrite composée par M. Huart, conservateur du musée d'Arles, m'a fourni ces intéressantes particularités. Les monuments de Mont-Majour y sont appréciés, avec cette intelligence d'artiste expérimenté qui sait distinguer et reproduire habilement les plus minutieux détails.

IV.

CRYPTE.

—

L'entrée de la crypte est intérieurement, à deux mètres de la porte de la Basilique. Après un escalier assez droit et raide, se développe une longue avenue voûtée, que de larges marches granitiques rendaient autrefois plus douce et plus majestueuse. En 1789, elles ont été enlevées et vendues à vil prix (1).

L'ame est vivement impressionnée à l'aspect de ces murailles noircies, témoins intimes des gémissements et des pleurs de tant d'illustres pénitents. Ils descendaient dans ces souterrains,

(1) Les dalles qui recouvraient la voûte du cloître, celles du grand corridor du couvent et de l'escalier,..... enfin les plus belles pierres de tout l'édifice ont subi le même sort.

aux jours consacrés au jeûne et à la douleur ; demandant aux ténèbres effrayantes d'aider leur remords et leur componction.

Le sanctuaire est entouré d'une galerie circulaire coupée par cinq arcades, à plein cintre, correspondant à un nombre égal d'absides exiguës. Du maître autel, qui seul a conservé sa table primitive, on en aperçoit cinq autres (1).

Admirable combinaison aimée de nos pieux ancêtres, qui figurait à dessein les plaies adorables de notre divin Réparateur !

Bien plus, en ajoutant à ces cinq chapelles les deux chapelles latérales, le nombre des sacrements y est aussi indiqué. Cet ensemble symbolique offre un caractère historique plein de charme et d'attrait.

Voyez, à la suite du bras droit de la croisée, cet appartement obscur à moitié creusé dans la pierre. C'était une sacristie reculée pareille à celles de plusieurs églises souterraines d'Italie,

(1) Sur le 2me de ces autels, à droite, le donateur ou l'ouvrier a gravé deux fois son nom FRANCOY GVITOBAL, en lettres gothiques du 10me siècle.

2

où l'on emfermait, avec plus d'assurance, les vases et les ornements précieux (1).

Sur les parois se lisent des noms mal gravés. Ce sont probablement ceux de quelques frères lais employés au service de l'église, ou de quelques écoliers étourdis.

GAIS. 1489.

PODPLA. 1546.

CALQVIER. 1631.

PIOLENS. 1627 (2).

(1) Mont Cassin — Sainte-Marie des Anges à Assises — à Rome, saint Etienne le rond, sainte Cécile, sainte Agnès, sainte Marie in-via lata, etc. etc. — Notre-Dame de Lorette, à Florence, saint Laurent.

(1) Ce dernier nom est écrit en cent endroits du monastère, et toujours joint à la même date.

V.

CLOÎTRE.

—

Le Cloître fut bâti en même temps que la Basilique. C'était le champ de la mort. Que de funèbres accents ont retenti à travers ces spacieuses galeries !

Le modeste autel qui reste, servait à l'immolation de la sainte victime pour le salut des trépassés.

Sous ces froides dalles, gisent confondus les poudreux ossements du puissant abbé et de l'humble cénobite. Tous y reposent en paix; sans qu'aucun éloge succinct nous ait transmis leurs travaux et leurs sacrifices.

Le pied des visiteurs foule çà et là des dates insignifiantes.

4 NOV. 1430.	22 JVN 1208.	12 MAII 1269.	29 MAII 1594.
3 SEPT 1647.	19 MARS 1653.	16 MAII 1662	XXII FEBRVA 1704.
24 SEPT 1773.	✝ 2 MAII 1779.	1756 1759	

Une seule épitaphe nous apprend la mort d'un vénérable religieux nommé Victor Cappucius d'**Aix** qui, en sa qualité d'infirmier de ce monastère, se rendit sans doute recommandable par sa tendre sollicitude envers les malades.

HIC IACET

DNVS VICTOR

CAPPVCIVS AQVENS

RELIGIOSVS ET

INFIRMARIVS

HVIVS MONASTERII.

AETATIS

LXXXIII . CVI

DATI ANNI

M D C X X I.

Puis, est une dalle à la mémoire d'une bonne et honnête femme, mère d'un moine de Mont-Majour, qui désira être ensevelie auprès du fils qu'elle avait donné au Seigneur.

HIC IACET
BONA ET HONESTA
MVLIER TOMALIA MATER

L'inscription de deux autres pierres sépulcrales est tout-à-fait illisible.

Deux tombeaux gothiques sont vides de leurs possesseurs et de leurs titres. Le bâton abbatial tracé sur le socle du premier, fait penser qu'il renfermait le cercueil d'un supérieur ; peut-être celui du saint abbé Rambert mort pendant la construction du cloître. Le second appartenait à Geoffroy, comte de Provence, dont voici l'épitaphe détruite.

HIC CONTEMPLATVR
COMPVNCTVS MENTE VIATOR,
NAM QVOD ES, ISTE FVIT : NVNC
MEMOR ESTO SVI . . . . .
. . . .
SI FORET HOC IVSTVM
QVEMQVAM LVGERE VIRORVM,
GOLFREDVM TVNC COMITEM . . . .
MITIBVS HIC MITIS,
DVRVS FVIT IPSE REBELLIS,
OPTANS COELICOLAS,
SVSCIPIT INDIGENAS (1).

(1) Hist. mns. de Mont-Majour. Le savant abbé Bonnemant dit à propos de ce sépulcre : le 24 février 1771, je suis allé à Mont-Majour; aidé du R. P. Boë et du maçon de l'abbaye, j'ai soulevé le couvercle du tombeau de Geoffroy. Le corps de ce comte était réduit en une poudre fine, noire et

Guillaume II, père de Geoffroy est aussi en-
terré ici (1).

Au milieu de la galerie méridionale s'élève la
porte de l'ancien réfectoire ornée de deux statues
mutilées. L'une représentait une femme vêtue
d'une robe ample, et dont la tête aujourd'hui
brisée, était couronnée d'un diadême. L'autre
était coiffée d'un bonnet pointu à la forme trian-
gulaire (2).

fort pesante. Il n'y avait aucun débris de caisse ni de plomb,
ni aucune médaille, encore moins de vestiges d'habits ou de
suaire.   (Supplément à l'hist. de Mont-Majour.)

(1) Guesnay. Cassian. illustr. Hist. et Thes. Montis-
Maj. Biblioth. Arelat.

(2) Voici le jugement de l'antiquaire Seguin au sujet de
ces deux statues : Je ne doute point que la première ne fût
la statue d'Adélaïde comtesse de Provence qui, veuve de
Guillaume Ier, mourut en 1027, suivant un ancien manus-
crit conservé au monastère et fut ensevelie dans le cloître
dans le tombeau de son fils. (Seguin. Dissert. sur
la fondation de Mont-Majour.)

Cette vertueuse comtesse avait confirmé et même aug-
menté les riches donations faites par son mari et son fils
aux moines de Mont-Majour.

D'autres auteurs prétendent que ces deux statues repré-
sentent d'Archambaud vicomte de Châtillon et Elisabeth
comtesse de Foix, le père et la mère du Cardinal de Foix
archevêque d'Arles et abbé commendataire de ce couvent.

Les armes du cardinal de Foix incrustées dans le mur, rappellent les réparations importantes que cet archevêque d'Arles fit au cloître, pendant son administration de l'abbaye (1459) (1).

(1.) Pierre IV de Foix avait embrassé de bonne heure la vie religieuse dans l'ordre de St-François. En 1399 à l'âge de 22 ans, il fut créé cardinal du titre de St-Etienne au mont Célius. Martin V lui confia plusieurs légations. Eugène IV le nomma évêque d'Albano en 1431 et archevêque d'Arles en 1450. Il mourut à Avignon en 1464.

Saxi. Pontif. Arel. Généologie des comtes de Foix. Ad ann. 1400 hist. mns. de Mont-Majour.

Les armes de ce cardinal sont écartelées au premier et au troisième d'or à trois pals de gueule, au second et au quatrième d'or à deux vaches passantes de gueule accolées, accornées et clarinées d'azur.

VI.

TOUR.

—

Toutes les fois que la guerre s'allumait au sein de la Provence, l'abbaye gémissait oppressée sous les impérieuses conditions des vainqueurs. Les cruels sarrasins, les princes audacieux des Baux l'avaient, à plusieurs reprises, saccagée, frappée d'impôts rigoureux.

(1368) Le hardi capitaine Bertrand Duguesclin marchant à la conquête de la Castille avec trente mille combattants, assiége la ville d'Arles. Vainement s'arrête-t-il, pendant dix-neuf jours, au bas de ses remparts inébranlables. Ses ambitieux desseins échouent contre la vaillance des Arlésiens. La colère de ses soldats exaspérés de cette résistance opiniâtre s'abat sur les couvents voisins. La somptueuse abbaye de Mont-Majour en ressent les plus terribles coups.

Une contribution onéreuse et forcée l'affranchit du pillage, et la sauve peut-être de la destruction. Aussi les moines dévalisés, furent-ils obligés d'endurer d'âpres et cuisantes privations (1).

Quelques mois après cette périlleuse épreuve, (1369) le révérendissime père abbé Pons de Ulmo voulant, à l'avenir, se mettre à l'abri de toute attaque ennemie, éleva la superbe tour dont le faîte crénelé s'élance majestueusement vers les cieux.

Les Arlésiens y placèrent une nombreuse garnison ; et elle devint alors la forteresse avancée de la cité romaine.

Outre la sûreté du monastère, un autre motif non moins sérieux et louable, avait hâté cette construction protectrice.

Les Bénédictins de la Motte-St-Didier en Dauphiné, dépendants de Mont-Majour, sont indignement expulsés par le seigneur Aymon de Montagny, que l'abbé Etienne de Montarène avait

---

(1) Acerbissimas, durissimas que pænitentias propter hoc injustissimum stipendium, passi sunt explorati monachi.
Hist. Montis-Majoris ad ann. 1368.

dépossédé de ses prétentions sur le prieuré. En retournant à la maison-mère, ils emportent un seul trésor, mais un trésor incomparable, les bienheureuses reliques du patriarche des solitaires saint Antoine. *Ces reliques comprenaient le corps entier à l'exception seulement d'une partie d'un bras qui en avait été détachée, il y avait un peu plus d'un siècle et mise dans un reliquaire séparé pour l'église de Vienne* (1).

Depuis cette furtive translation, les villageois de la Motte-St-Didier, sourdement excités par les menées vindicatives du grand maître de Montagny, avaient manifesté l'intention de venir les reprendre à main armée (1). Pour les cacher

(1) Notice historique sur les reliques de Saint-Antoine du désert. p. 40, par M. Bosq secrétaire en chef de la commune d'Arles. — Ce n'est plus une indiscrétion de nommer l'auteur de cet écrit remarquable. Quand on se dévoue, avec un zèle aussi désintéressé, comme l'honorable M. Bosq aux droits sacrés de son pays, toujours la reconnaissance triomphe de la plus humble modestie.

(2) Le corps de saint Antoine avait été donné en présent par l'Empereur Constantin VIII, au courageux baron Jacelin de Vienne, qui le déposa dans le bourg de la Motte-Saint-Didier. Guigues son héritier, sur l'injonction d'Urbain II, appela 25 Bénédictins de Mont-Majour pour veiller auprès des restes de ce grand serviteur de Dieu. Enfin arriva en 1291 l'évènement dont j'ai parlé. Puis le 9 janvier 1490, encore par crainte d'une invasion imprévue de la part des

plus adroitement et les posséder sans trouble ,
Pons de Ulmo les plaça sous la sauvegarde for-
midable de ce bastion inaccessible (1).

Viennois, les saintes reliques furent solennellement trans-
férées dans l'église de Saint-Julien d'Arles où elles reposent
encore.

Avant la révolution de 1789, à la procession votive du 17
janvier, quatre ermites portaient la précieuse châsse ; et les
Bénédictins venus exprès de Mont-Majour la suivaient immé-
diatement. Ensuite marchaient le capitaine de Saint-Antoine et ses archers, les consuls et leurs serviteurs tenant les
clefs de la ville. Car ce jour là, les portes en étaient soi-
gneusement fermées, les herses baissées et les postes doublés.

En 1846, un prêtre de N. D. de l'Osier (Isère) essaya de
ranimer la vieille querelle dans *sa discussion sur les reli-*
ques de saint Antoine. Je n'en dirai rien de plus. *Prop-*
ter fratres meos loquebar pacem de te. — Il appartenait
à M. Bosq de stygmatiser de sa verve entraînante et par
des arguments sans réplique les raisons follement spé-
cieuses d'une jalousie invétérée. Après avoir lu le *supplé-*
ment de sa notice, on se sent involontairement porté à re-
dire, avec joie, l'ancien cri de victoire : *Viri Arelatenses*
quidquid dicant Viennenses habetis Antonium. Arlésiens, quoiqu'en disent les Viennois, vous possédez Antoine.

(1) Qu'il me soit permis de rendre hommage à la mémoire d'un peintre célèbre, M. Réattu, une des gloires de
notre cité. Grâce à son amour passionné des monuments de
la patrie, cette tour subsiste encore. Il l'acheta, au moment
même où les démolisseurs, le marteau levé, s'apprêtaient à la
renverser.

VIII.

CHAPELLE SAINTE-CROIX.

—

Cinquante-cinq ans après la mémorable ba-
taille de Poitiers (793) gagnée par le valeureux
Charles Martel sur les infidèles Sarrasins, la
Gaule jouissait encore, avec bonheur, d'une paix
bienfaisante.

Tout-à-coup, elle s'émeut et s'épouvante ; les
Musulmans avaient envahi ses frontières mal
défendues.

Au commandement de l'invincible Charlemagne, des milliers de guerriers accourent pour
défendre la patrie menacée.

Refoulées jusqu'au fond des provinces méri-
dionales, les cohortes musulmanes campent sur
le plateau de Mont-Majour. Le grand conquérant
les rejoint et les provoque à une dernière lutte
qui leur devint fatale. La croix de Jésus-Christ

dont on célébrait ce jour-là, trois mai, la mira-
culeuse invention, avait protégé les armes de cet
autre Constantin, en abatant l'orgueil fanatique
du croissant. En reconnaissance de la protection
céleste, et pour perpétuer à jamais le souvenir de
cette victoire complète, le glorieux vainqueur
éleva une chapelle à la sainte croix (1).

Sur la porte intérieure on lit l'inscription sui-
vante que l'archevêque d'Arles Pons de Mari-
gnane conserva scrupuleusement, lorsqu'il rebâ-
tit en 1012, ce gracieux monument qui s'écrou-
lait de vétusté (1).

« Sachent tous , que lorsque le sérénissime
» prince Charles, le grand roi des Français, eut
» assiégé et pris par la force de ses armes , la
» ville d'Arles qui était en la possession des in-
» fidèles ; les Sarrasins, s'enfuirent sur la mon-
» tagne de Mont-Majour , s'y retranchant et s'y
» fortifiant. Le roi accouru avec son armée
» pour les combattre , triompha sur eux ; et,
» voulant rendre à Dieu des actions de grâces
» de cette victoire , fit construire cette église, en
» l'honneur de la sainte croix. De plus, il re-

(1) Guesnay, Cassian. illust. Voyez mon hist. de saint
Césaire.

(1) hist. de Mont-Majour. Biblioth. d'Arles. Guesnay,
seguin, Pouche,

» battit et dota ce monastère dédié au prince
» des apôtres saint Pierre , que les infidèles
» avaient abattu de fond en comble et rendu
» inhabitable. Ce prince y plaça des religieux
» pour le service du Seigneur, et les combla de
» faveurs abondantes. Plusieurs français morts
» dans le combat reposent dans le monastère.

   » C'est pourquoi, frères, priez pour eux. »

*Noverint universi quod cum serenissimus prin-
ceps Carolus Magnus Francorum rex, civitatem
Arelatem, quæ ab infidelibus detinebatur, obse-
disset, et ipsam vi armorum cepisset, et Saruce-
ni in eadem existentes pro majori parte aufu-
gissent in montana Montis-Majoris , et ibidem
se retraxissent et in eadem se munissent , et
idem rex ibidem cum exercitu suo venisset pro
ipsis debellandis triumphum de ipsis obtinuisset,
et de ipso gratias Deo agendo in signum hujus-
modi victoriæ præsentem ecclesiam in honorem
sanctæ crucis dedicari fecit, et præsens monaste-
rium in honorem sancti Petri , apostolorum
principis , dedicatum, quod ab ipsis infidelibus
penitùs destructum fuerat et inhabitabile redac-
tum , idem rex ipsum reparavit et reædificavit,
et monachos ibidem pro serviendo Deo venire
fecit , et ipsum dotavit, et plura bona eidem*

contulit: in quo quidem monasterio plures de Francis ibidem debellantes sepulti sunt.

Ideo, fratres, orate pro eis.

Tout autour de ce sanctuaire béni sont couchés, en des tombeaux creusés dans le roc, les ossements des preux chrétiens qui succombèrent à ce terrible combat.

Chaque année dans l'église Sainte-Croix, on solemnisait avec pompe l'anniversaire de l'heureuse délivrance de la patrie. Ce fut bientôt un vrai pélerinage, auquel on se rendait de toutes les parties de la Provence. En 1409, plus de cent cinquante mille chrétiens s'y rencontrèrent (1).

Cette manifestation religieuse allait se développant progressivement, lorsque le pape Jules II par sa bulle du 2 février 1504, accorda une indulgence plénière, pour l'invention de la sainte croix, quand cette fête se rencontrait un vendredi. Alors les charitables Bénédictins ouvraient

(1) Bertrand Boisset fils d'un pauvre pêcheur d'Arles, devenu prêtre et secrétaire du pape Urbain V, décrit ainsi, en son langage ingénu, les détails de cette fête :

Item, l'an MCCCC, é IX. lo divenrés, lo ters jorn del més dé Maï; fan le pardou général dé san Peyré dé

à tous les étrangers les portes du couvent. Ils les conviaient à leur table, les servant de leurs propres mains. L'an 1652, 700 pauvres pélerins partagèrent les fruits de l'opulence, que ces religieux infatigables avaient acquise, en défrichant les landes et les terres marécageuses.

Notre saint père le pape Pie IX glorieusement régnant, par son bref du 11 juillet 1851, a rétabli cette fête dite du pardon (1). Les populations

---

mont-majour, en loqual perdon vengon dé tot lo mondé plus décent cinquanta milla chrestians é chrestianes, é plus, vous dié per vertat, non tant solament per ausir mas per veser. Item dé vieures son bon marcat, quatre deniers lo péchier del millor vin, é dos deniers l'autre, de pan, carn, peis, millor marcat, lo passagé dé l'aigua per personna, quatre deniers etc... .

De même l'an MCCCCIX. le vendredi, le troisième jour du mois de mai, on fit le pardon général de saint Pierre de Mont-Majour, auquel pardon vinrent de tout le monde plus de cent cinquante mille chrétiens et chrétiennes. Je vous le dis en vérité, non pas seulement pour l'avoir entendu dire mais pour l'avoir vu. De même les vivres sont à bon marché; quatre deniers le litre du meilleur vin et deux deniers l'autre ; le pain, la viande, le poisson à meilleur marché ; le passage de l'eau quatre deniers par personne.

(Mémoires de Bertrand Buisset. Biblioth. d'Arles.)

(1) Mont-Majour se trouve encore dans la circonscription de la paroisse Saint-Julien. C'est à M Morel chanoine,

d'Arles et des villages voisins sont venues, au nombre de 12,000, participer avec empressement à la grande faveur apostolique. (mai 1852) (1).

curé de cette eglise, l'un des plus ardents défenseurs des traditions religieuses de la Sainte Eglise d'Arles, qu'est due la rénovation de ce privilége inestimable.

(1) Ces concours populaires, se renouvelant sans cesse et partout, prouvent invinciblement que la foi brûle, vive et sincère, au sein du royaume très chrétien. — Lisez les touchants récits du Jubilé du Puy, de l'inauguration de la Sainte-Vierge de Fourvières, — de la translation des reliques de sainte Theudosie, à Amiens, etc....

Non loin de Mont-Majour, dans l'élégante chapelle du château de Barbegal, n'a-t-on pas vu, le 12 avril 1853, plus de 400 personnes réunies, pour obtenir l'indulgence plénière, annuelle et perpétuelle, qu'aux instances de la noble famille Du Roure, l'immortel Pontife Pie IX, accorda au jour fortuné de son retour dans sa chère ville de Rome ?

Heureuse est l'église d'enregistrer en ses annales des faits aussi beaux et aussi consolants !

II.

ABBÉS DE MONT-MAJOUR.

—

Cette série des abbés de Mont-Majour est tout-
à-fait incomplète. Les cartulaires antérieurs à
l'année 960 ont disparu. Le nom des saints abbés
Paul, Florentin et Pomère sont seuls venus jusqu'à nous.

Mauringus............ . anno domini	960
Pontius I..............	975
Paulus.	977
Riculfus......	999
Archinricus.................. ...	1009
Rambertus..	1016
Josmarus	1032
Benedictus.	1036
Eldebertus....................	1042
Rotlannus	1051
Bermundus	1079
Guillelmus...................	1080
Petrus I...	1114

IX

ÉGLISES OU PRIEURÉS

DÉPENDANTS DU MONASTÈRE DE MONT-MAJOUR.

—

Dans les diocèses d'Arles.............. 19
— d'Avignon........... 5
— de Cavaillon........ 2
— de Carpentras....... 11
— de Vaison.......... 5
— d'Orange........... 3
— d'Aix.............. 66
— de Fréjus.......... 17
— de Riez............ 10
— de Senez........... 1
— de Sisteron........ 2
— de Gap............. 3
— de Vienne.......... 14
— de Grenoble........ 10
— de Die............. 3
— de Valence... 4
— d'Apt............. 4

18 dans divers autres diocèses et 1 dans le comté de Vintimille.

X.

CONCLUSION.

—

C'est à regret et le cœur attendri que l'on s'é-
loigne de Mont-Majour. A l'entrée de la muraille
claustrale, vous saluez une croix de marbre
blanc marquée aux armes de la ville d'Arles et
de l'abbaye. Miraculeusement échappée à la vio-
lence, elle protége de son ombre tutélaire les
abords attristants de ce lieu désolé.

O vous qui passez, semble-t-elle dire, voyageur pieux qui jetez un dernier regard de tris-
tesse et d'effroi sur ces décombres gigantesques,
reconnaissez ici la déplorable instabilité des ou-
vrages terrestres. Que votre foi ne soit point
ébranlée, par la contemplation des ravages inouis
de l'inconstance et de l'aveuglement des hom-
mes. *Les vents ont soufflé, ils se sont précipités
sur cette maison, et sa ruine a été grande.*

Mais, c'est par moi que le Christ a sauvé le
monde ; c'est par moi qu'il commande et qu'il
régnera toujours en vainqueur.

TABLE.

ARLES, IMP. J. CERE, RUE DU SAUVAGE, 7.